AF291644

En application de l'art. L.137-2.-I. du code de la propriété intellectuelle, toute reproduction et/ou divulgation de parties de l'œuvre dépassant le volume prévu par la loi est expressément interdite

© Chloé Deminiere, 2025

Relecture : Laetitia Bodéré

Correction et mise en page : Laetitia Bodéré

Couverture : Chloé Deminiere

Édition : BoD · Books on Demand, 31 avenue Saint-Rémy, 57600 Forbach, bod@bod.fr
Impression : Libri Plureos GmbH, Friedensallee 273, 22763 Hamburg (Allemagne)

ISBN : 978-2-3225-9502-0

Dépôt légal : Mai 2025

Chloé Deminiere

LIS MES MAUX

Dédicace toute particulière à ma professeure d'histoire-géographie de seconde qui ce jour-là m'a écrit :

« Je t'en supplie ... écris ! Tu as une plume ! Un vrai talent et une vraie sensibilité ! Fais-en quelque chose. »

Madame,

Voici mon quelque chose.

Et à ma Valérie, qui a cru en moi et qui m'a permis de comprendre son histoire.

 TRIGGER WARNING ⚠

Ce livre contient des passages susceptibles d'heurter la sensibilité d'autrui sur de multiples aspects (énumérés ci-dessous) :

•violences

•suicide

•automutilation

•agressions sexuelles

•alcool

•drogue

•discriminations

•homophobie

Si l'évocation d'au moins un de ces contenus présente un risque pour vous lecteur,

Je vous conseille de ne pas vous engager dans la lecture de cet ouvrage.

Ce livre ne contient aucune faute,

Les mots ont un sens, j'en exploite la puissance...

J'aimerais raconter l'histoire d'une petite fille qui a longtemps subi la vie,

Je vous présente Valérie.

À travers mes écrits, elle m'a demandé d'adresser ses maux à chaque personne qui a suffisamment marqué sa vie pour faire parler son esprit.

Chapitre 1 : Maman

Valérie naît trois ans après sa grande sœur et un an avant sa petite sœur.

Elle grandit sous la garde quasi exclusive de sa maman sauf un week-end sur deux et la moitié des vacances scolaires.

Très vite, se tisse un lien extrêmement puissant avec sa maman.

Sa maman, « la meilleure maman du monde ».

Sa maman qui « donne tout pour elle ». Mais sa maman est aussi la maman de deux autres petites filles.

Et ça,

Sa maman eut tendance à l'oublier.

Voici les mots de Valérie petite fille pour sa maman :

Maman,

C'est les yeux remplis de fierté et d'admiration que je parle de toi à mes copains !

Tu t'es toujours battue pour que l'on ne manque de rien,

Quitte à te ruiner.

Avec toi je me sens en sécurité,

Tu nous as toujours protégées.

Dans tes bras,
Je me sens bien.
Sans toi,
Je ne serais rien.

Avec toi je me suis construite,
Avec toi, j'aime la vie.

Grâce à toi,
« Maman »
Que je suis si fière de nommer ainsi,
Je suis la petite fille la plus chanceuse du monde.

Avec toi,
J'ai de la valeur
Et j'ai moins peur.

Je t'aime maman.

Aujourd'hui, Valérie a 17 ans.

Valérie s'adresse de nouveau à sa maman :

Maman,

Aujourd'hui

Lorsque l'on me distribue mon bulletin,

Je ne demande qu'un seul exemplaire,

Il est pour papa.

Aujourd'hui,

Lorsque mes amis me demandent où est ma mère,

Je ne leur réponds guère.

Avant,

C'était les yeux remplis de honte

Et le cœur écrasé de douleur

Que je t'évoquais.

J'ai même laissé la colère gagner.

Puis,

Pas loin de transformer ma peine en haine,

J'ai compris que tu n'en valais pas la peine.

Aujourd'hui,

J'ai lâché prise sur mes attentes

Et enfin,

Je t'évoque

Avec indifférence.

Aujourd'hui,

J'ai compris

Que la seule raison pour laquelle chaque mois tu étais à découvert,

C'est parce que l'inflation rendait le prix de tes bières plus cher.

Sans toi,

Je ne suis plus en danger.

Sans toi,

Je n'ai plus besoin de croiser mes bras

Face à quelqu'un qui élève la voix.

Tes bras,

Censés me sécuriser

Ceux,

Desquels j'ai dû me protéger.

Tes mains

Qui bébé me berçaient,

Ces mains

Qui trop souvent,

Me portaient les coups

Que je n'ai pas su parer.

Ces mains,

Ces caresses que tu me donnais,

Dont seul ton homme

Aurait dû profiter.

Ta voix,

Censée me conter les plus belles histoires,

La même

Qui n'a jamais autant résonné

Que pour me rabaisser.

Aujourd'hui,

Sans toi,

J'existe.

À tes côtés,

J'ai été détruite.

Avec toi,

À cause de toi,

J'ai voulu mourir

Pour ne plus subir.

Aujourd'hui,

Sans toi,

Quand je ne survis pas

Mais lorsqu'enfin je vis,

J'aime la vie.

Sans toi,

« Maman »

Que je trouve si injuste de nommer ainsi,

Je suis l'adolescente la plus vivante du monde.

Te subir m'a longtemps fait douter de ma valeur,

Mais maintenant,

Je n'ai plus peur.

Tu as de l'empathie ?

Merci.

Des regrets ?

Tant pis.

Tu es désolée ?

Excuses acceptées,

Estime retirée.

Chapitre 2 : Le secret

Loin de son père et très proche de sa mère, Valérie a subi son beau-père.

Voici ce qu'elle lui aurait dit.

À toi, mon meurtrier. Nous t'appellerons G.

Tu étais mon beau père.

Mari de ma mère et meurtrier de mon âme, tu m'as tout pris.

Aujourd'hui, je ne peux te haïr puisque cela signifierait t'accorder de la valeur.

La petite fille innocente que j'étais t'aurait dit ceci :

Maman dit tout le temps que papa est méchant.

Alors papa est méchant.

C'est à cause de papa que maman est si triste.

Papa est un égoïste.

Papa il ne m'aime pas.

Mais moi

J'ai besoin d'un papa.

Alors toi, G.

Je te donne la place dont papa ne veut pas dans mon cœur.

Puis toi,

Même si tu cries parfois un peu fort,

Tu es là.

Grâce à toi, maman va bien !

Grâce à toi on est en sécurité.

Puis tes chatouilles le soir avant de dormir,

C'est ça un vrai papa !

Tu m'aimes,

C'est pas grave.

Alors c'est pas grave,

Si parfois

Ça fait un peu mal.

Au moins, je suis aimée.

Voici ce que la Valérie de 17 ans que je connais, t'aurais dit :

La première fois que l'on m'a demandé si j'avais perdu ma virginité,

Je n'ai pas su répondre.

Alors j'ai pensé à toi,

Toi, G.

Te souviens-tu ?

Et bien au début,

Moi non plus.

Mais grâce à ma persévérance,

J'ai de quoi nous rafraîchir la mémoire.

La première fois,

Ma première fois,

Que tu m'as volée.

J'avais 4 ans.

« Tout va bien se passer »

Tu me disais.

J'avais 4 ans.

Et tu as dénigré mon intégrité
Tu as pénétré mon innocence
Tu as brisé ma confiance en profitant de mon insouciance.

J'avais 13 ans.

Tu m'as touchée.

« Je t'avais provoqué »

J'avais 13 ans.

Mais j'ai aussi eu 14 ans,
Oui,
J'avais 14 ans
Lorsque tu m'as violée.
Je dormais.

Je dormais et tu m'as violée.

Tu m'as violée en me disant de fermer ma gueule.

J'ai fait mieux

J'ai protégé « notre secret » et j'ai oublié.

Notre secret, ton acte.

Ton acte, ma honte.

Ton plaisir ? Plutôt mourir.

J'ai eu mal.

Je me suis sentie sale.

En quelques instants,

Tu m'as pris la vie.

Et tu m'appris la vie.

Hier souillée,

Humiliée,

Torturée,

Brisée.

Aujourd'hui rayonnante,

Je suis une battante.

En toi j'avais confiance.

Aujourd'hui,

Ton genre n'est que méfiance.

Tu as violé une enfant,

J'ai construit une guerrière.

Te détester me demanderait trop d'énergie,

Alors je préfère l'utiliser pour briller

Et te laisser crever.

La petite fille que j'étais

Dont tu as abusé,

Elle, n'a pas supporté

Elle, n'a pas su porter.

L'adolescente que j'étais,

Ne s'en remettra jamais.

La jeune adulte que tu ne toucheras plus,

N'est plus la victime que tu as laissée.

Sa revanche ?
Survivre.

Cordialement,

Et avec tout le respect que je te dois,

Va te faire foutre.

Chapitre 3 : Le câlin

Valérie petite fille eut la chance de ne pas te connaître.

Mais, parce qu'il y'a toujours un mais,

C'était l'année de ses 14 ans.

Un an.

Année qui suffit à lui faire détester la vie.

Ta rencontre y a grandement contribué.

Ami de la famille, adulte, figure d'autorité, symbole de sécurité

Tes actes ont illustré l'exact opposé.

Valérie, adolescente, m'a laissé ces mots pour toi :

Ce soir tu as encore trop bu.

J'en ai marre de repousser tes mains

Je pensais que tu voulais un câlin.

Tu voulais un câlin.

Tu es un homme et tu voulais « un câlin ».

Je ne voulais pas de ce câlin

Et puis je ne voulais pas de câlin.

Alors,

Fatiguée de repousser tes mains,

J'ai fermé les yeux

En priant pour que ça cesse.

J'ai cru que tu t'arrêterais là

J'avais tort,

Encore.

De tes mains sur mon corps

À tes griffes sur mon cœur,

Je me suis tue

Je n'ai rien dit,

J'ai juste

Subi.

Pour ne pas te blesser

J'ai accepté d'avoir mal.

Surprise d'avoir honte

Et honteuse d'avoir été surprise

J'espérai que l'on me sécurise.

Alors,

Entre désillusion et soumission,

Humiliation et incompréhension,

La part d'innocence qui me restait

Après avoir été si peu considérée,

Doucement,

Mais si brutalement,

S'en est allée.

Je t'ai déjà accordé trop de pensées.

Cette fois c'est moi qui décide quand ça s'arrête.

Alors à jamais,

Enfoiré.

Chapitre 4 : « Plus de larmes, je baisse les armes »

Valérie a 14 ans depuis 7 jours.

Et elle n'a pas attendu ses anniversaires pour être gâtée par la vie.

Aujourd'hui,

Pour Valérie la vie est une punition.

Elle en veut à sa maman de lui avoir imposé cette vie.

Alors pour la première fois, Valérie choisit quand c'est fini.

Son choix.

Elle n'impose à personne de l'écouter.

Elle les laisse juste avec de potentiels regrets.

C'est décidé, elle ne subira plus.

Voici ses derniers mots :

Plus de larmes,

Je baisse les armes.

Je suis fatiguée d'affronter la vie.

Je ne veux plus

Je ne peux plus.

Privée de mon enfance,

Je subis mon adolescence en étant victime de vous,

« Adultes »

À qui manquera sincèrement ma présence outre vos pleurs ?

Mes amis ?

Lesquels ?

Ma maman ?

Laquelle ?

Mon papa ?

Un géniteur que je ne connais pas ?

Ou un beau-père qui a abusé de moi ?

Mes sœurs ?

Elles,

Pourront enfin exister.

Vous serez mieux sans moi.

C'est ce que je crois.

Mais peu importe,

Égoïstement

Je réponds

Que je serai mieux sans vous.

Un acte désespéré ?

Peut-être.

Du courage ?

Il m'en faut.

De la lâcheté ?

Sûrement.

Je veux quitter ce corps qui ne m'appartient plus

Je veux libérer mon âme déjà meurtrie

De cette carcasse qui me dégoûte.

Je ne suis pas triste de quitter un monde dans lequel je n'ai pas
le droit d'exister.

Vous n'avez pas écouté mes cris

Alors navrée,

Mais je ne gueulerai pas plus fort.

Depuis que l'on s'est approprié mon corps,

Ma valeur, ma voix

N'ont plus de poids.

Les grands sont des menteurs,

Auteurs des pires horreurs.

Je suis fatiguée d'être désolée d'exister.

Aujourd'hui,

Vivre me fait mal.

Alors plus de larmes,

Je baisse les armes.

Valérie a mis fin à cette vie le 25 juin 2021.

Elle avait 14 ans.

Chapitre 5 : Exister

Valérie, sous l'emprise de sa maman, a toujours considéré son père comme nocif.

Elle ne voulait pas le connaître.

Homme droit et rassurant, il n'était pour sa deuxième fille qu'un obstacle dans la relation qu'elle entretenait avec sa maman.

Chaque vacances loin de sa mère et près de son père, était une punition.

Ce papa, présent, observateur et protecteur, a toujours soupçonné ce que ses filles subissaient.

Mais faute de preuve, enfants silencieux et conflit de loyauté ont prolongé la sentence jusqu'à l'explosion.

Ce 25 juin 2021.

Ce 25 juin 2021, Valérie a tenté de mettre fin à ses jours.

« Paracétamol 1000mg »

Un, puis deux, puis trop de cachets pour trois gorgées.

Jusqu'au dernier soupir, le même but,

Ne plus subir.

Le 25 juin 2021 elle n'a pas survécu.

L'âme de Valérie, bousillée depuis l'enfance, elle, est bien morte.

Seul son corps a tenu.

Conduite à l'hôpital dans un état inquiétant, elle tentera par la suite, d'expliquer son geste.

Depuis, le papa de la fratrie a demandé une mise en sécurité immédiate de ses trois filles.

Elles ne retourneront jamais dans le foyer du mal.

Ces cachets l'ont sauvée ?

Valérie petite fille s'adresse à son papa :

Maman dit que tu es un mauvais papa

Alors tu es mauvais, papa

Tu ne vois pas

Tu ne sais pas

Tu n'entends pas

Tu ne m'écoutes pas.

Chez maman,

Il faut crier pour exister

Mais chez toi,

Quand j'existe,

Je suis punie.

Alors,

Coupable d'exister

Incapable de parler

Je finis par me détester.

Mes sœurs,

Elles,

Ne crient jamais

C'est facile de les aimer.

Chez toi,

Les câlins ne font pas mal

Ce n'est pas normal.

Tes mains,

Ne sont pas celles dont je me protège

Où est le piège ?

Ce calme m'effraie.

À l'affût du moindre danger

Je ne suis jamais apaisée

Alors je pique avant d'être piquée.

C'est ainsi

Que si souvent,

Par toi,

Je suis blâmée.

Mais pourquoi cette injustice me fait crier si fort ?

Je suis une enfant,

J'ai tort.

Seule dans ma colère

Prisonnière de ce calvaire

Je fuis mes pairs

À la recherche d'un repère

Au-delà d'un père

Valérie, âgée de 17 ans, s'adresse de nouveau à son papa :

Papa,

Mon papa,

Te dire que je te dois la vie serait exagéré

Quoique,

Tu as longtemps ressenti cette culpabilité

Ce poids,

De n'avoir rien fait.

Cette rage,

D'avoir récupéré les débris de tes enfants,

Seulement.

J'ai longtemps pensé que maman m'offrait la vie que tu
m'empêchais de mener,

Mais finalement,

Avec le temps,

Je comprends.

Je comprends que grâce à toi,

Cette vie,

S'est finie.

Puis- je finalement penser que c'est toi qui m'as offert la vie ?

Disons qu'aujourd'hui,

À tes côtés je fais le deuil de l'enfant que j'étais,

Qu'ils ont massacré.

Je construis celle qu'ils n'atteindront plus.

Enfin,

Je vis.

Aujourd'hui,

Après t'avoir tant reproché

J'aimerais te remercier.

À tes côtés,

J'apprends à exister

En toute légitimité.

Plus besoin de crier.

Avec toi,

Mes problèmes sont devenus presque agréables.

J'angoisse de savoir quelle note j'aurais à mon exposé

Pas de savoir comment appréhender le prochain coup de pied.

Je râle lorsque tu me donnes des corvées

Pas parce que vivre devient cette corvée.

Et je suis parfois fatiguée

Mais je ne suis pas épuisée

Avec toi,

J'ai une place.

Place que tu m'as toujours donné

Mais qu'entre manipulation et conflit de loyauté,

Je ne pouvais accepter.

Aujourd'hui,

À tes côtés j'ai de la valeur

Je découvre le bonheur

Je n'ai plus peur.

J'aime la vie,

Merci.

Je t'aime papa.

Chapitre 6 : Solitaire ≠ Solitude

Pour rappel, Valérie est la cadette d'une belle brochette.

Et sans aîné, pas de cadet.

C'est donc à sa grande sœur qu'elle a choisi de s'adresser en premier.

Une grande sœur à qui elle a longuement reproché la distance face à la violence quotidienne.

Valérie était aussi « une petite fille remplie de colère ». Elle a peu de souvenirs quant à la relation qu'elle entretenait avec sa grande sœur à cet âge-là. Ce sont donc les souvenirs de son adolescence que je vais vous conter.

Entre sentiment d'abandon, rejet et agressivité, le dialogue n'était pas une option.

Valérie, adolescente, s'adresse à sa grande sœur :

Tu nous laisses seules

Dès que ça gueule

Donc te voir,

C'est rare.

Je hais ton égoïsme

Je suis en colère,

J'ai trop de peine

Alors, contre toi,

Je déchaîne

Toute ma haine.

J'ai peur,

Mais tu ne me protèges pas.

J'ai mal

Mais tu ne me soignes pas.

Je pleure

Mais tu ne me consoles pas.

Alors tu n'existes pas.

Où es-tu quand ils nous tapent dessus ?

J'attends, j'attends

Mais c'est toujours pareil

J'attends seule,

Sans toi.

Tu me déçois.

T'arrives juste après les dégâts

Et tu repars déjà

Alors quand tu es là,

Je ne comprends pas.

Où étais-tu lorsque j'avais besoin de toi ?

Partout,

Mais pas là

Donc je ne t'accepte pas.

T'es malhonnête

Je te rejette.

Je te déteste.

Voici un récit de Valérie lorsqu'elle commence à apaiser les ardeurs de sa relation avec sa grande sœur :

Tu t'es toujours décrite comme solitaire

Voilà ma théorie,

Solitaire serait une excuse pour justifier ton éloignement face aux atrocités des autres.

Te décrire comme telle permet de donner l'image de quelqu'un qui contrôle ses décisions.

Alors que partir était ta seule option.

Ma théorie, c'est que pour ne pas avoir l'impression d'être plus rejetée que tu ne l'étais, tu as choisi de garder le contrôle en t'isolant toi-même de ce climat violent.

Mais ça,

Ce n'est pas être solitaire.

C'est s'effacer

Pour espérer un jour cicatriser.

Ça s'appelle de la solitude.

Plus efficace que de crier ta peine au risque d'être jugée, manipulée ou dénigrée, en effet.

Mais à long terme, le risque que la haine prenne le pas sur ta peine grandit jusqu'à être incontrôlable.

Mais tu ne mérites pas de laisser gagner ces minables.

Et peu importe la légitimité que tu accordes encore à mes propos,

Tu mérites d'exister.

Le temps est passé,

Ma colère ?

Dissipée

Mes regrets ?

Par milliers

Mais comment avancer après s'être tant blessées ?

Parler,

Écouter,

Pardonner ?

Alors, après tous ces reproches, je tente une approche.

La distance que je te reprochais,

Peut-être ta manière de te protéger ?

Que si naïvement je dénigrais

Et l'égoïsme que je t'attribuais ?

Peut-être la solitude dont tu souffrais ?

Que personne ne voyait.

Marre d'être négligée,

Assez de cris

Trop de pleurs

Mais pas la force.

C'est ainsi que tu es partie.

Je t'ai vu fuir,

Sans t'avoir vu souffrir,

Donc égoïstement,

J'ai jugé cet éloignement

D'acte lâche et individualiste

Sans voir

À quel point tu étais triste.

Aujourd'hui,

Te voir est encore rare,

Alors je savoure ta présence

Mais j'accepte aussi ton absence

Aujourd'hui,

Pour toi

J'éprouve même de l'admiration,

Je salue tes ambitions

Et je me suis remise en question

À ma grande sœur,

Que j'aime

Que j'admire

Que j'estime

Je suis désolée.

Valérie.

Chapitre 7 : Cicatrices

Dans ce contexte familial, fraternité rimait plus avec rivalité que solidarité.

Valérie a toujours eu du mal à trouver sa place hors de sa carapace.

Alors, dans cette atmosphère si austère elle recevait des coups bien à l'abri des mots doux.

Sa petite sœur, elle, était plutôt renfermée.

De ce fait, un minimum préservée mais pas épargnée.

Je m'explique.

La majorité des sévices physiques subies par les petites filles étaient justifiées par de l'insolence de leur part.

Traduit de façon plus poétique, je cite leur courtois beau-père : « un enfant ça a juste à fermer sa gueule ! »

Au regard de cette injustice, trois enfants, trois caractères, trois réponses.

L'aînée, elle, a très longtemps épongé les coups et bu les obscénités de ses figures d'autorité (sa mère et son beau-père). Plus tard, vous l'aurez compris, elle a fui .

La survie.

Mais il était trop tard pour elle, pour espérer avancer sans séquelles.

Valérie, elle, n'a jamais accepté de se soumettre à cette forme d'autorité.

C'est donc majoritairement ses joues qui claquaient, son cuir chevelu que l'on arrachait, sa peau que l'on marquait et son corps sur les murs que l'on jetait.

Mais à force de tester la résistance des cloisons de la maison, de goûter le sol carrelé et de sentir les phalanges du mari de sa génitrice lui chatouiller les joues, elle mit fin au calvaire.

Je vous rassure, les méthodes de sa mère étaient plus tendres.

L'instinct maternel certainement.

Connaissez-vous l'expression croquer la vie à pleine dent ?

Eh bien, cette chère maman eu la brillante idée de tester le concept sur sa fille, en y apportant une petite modification.

Pour ainsi dire, si vous partez du principe que l'épaule gauche de sa fille est la vie, eh bien maman-tyran sut illustrer ce concept avec brio.

C'est ainsi qu'un jour, elle croqua la vie à pleine dent, avec volonté et détermination évidemment !

On l'a connue plus délicate en effet.

Par exemple lorsqu'elle étrangla cette même fille admirablement, sans tremblement.

Connaissez-vous le principe du suçon ?

Eh bien prenez cet exemple comme un suçon à sa façon.

Elle laissait les marques de son amour sur la peau de sa fille
...

Mais malgré tout cela, Valérie était en fusion avec sa maman.

Relation intensément toxique, mais confortable.

Alors oui, les coups faisaient partie du lot,

Mais si c'était le prix à payer pour être aimée, cela en valait les peines.

Aussi étonnant que cela puisse paraître, privée d'un père et endoctrinée par sa mère Valérie ne voyait qu'elle comme repère.

Et un repère, c'est rassurant.

C'est là que devient difficile le détachement.

Face à ce degré de toxicité, elle était coincée.

Elle pensait que c'était cela aimer.

Elle était mal-aimée

Et elle était mal aimée.

Après tout, dans l'amour il n'y a pas de règles.

Ces deux adultes l'avaient bien compris.

De cette façon, si leurs règles n'étaient pas respectées, dans le meilleur des cas et dans un élan de générosité, ils distribuaient des fessées.

Vous l'aurez compris, Valérie préférait prendre des coups de pieds plutôt que de se laisser marcher dessus.

Elle considérait moins douloureux d'être bafouée plutôt qu'injustement soumise et contrôlée.

Cela nous amène à la petite benjamine.

Personne n'aurait pu soupçonner qu'une petite fille aussi rayonnante et souriante subissait des atrocités.

En effet, face aux humiliations quotidiennes, il était plutôt rare qu'elle manifeste une quelconque opposition.

Sa peau était donc moins souvent marquée par les tyrans qui lui servaient de parents.

« Karpman » : sauveur, victime, bourreau :

Valérie, affrontant ses tyrans en refusant d'être victime de leurs injustices, restait l'objet de leurs coups.

Alors à bout, victime malgré tout, elle devenait le bourreau de sa petite sœur.

Dès lors, les réels responsables (mère et beau-père) se présentaient comme parfaits protecteurs face au monstre qu'ils avaient eux- même créé, Valérie.

Les sauveurs.

C'est ainsi que la petite dernière, victime de sa sœur et de son silence, devint son propre bourreau.

Personne ne savait.

« Un enfant silencieux c'est mieux ».

Voyez-vous, dans ces trois personnalités, trois réponses à la souffrance : fuite, affrontement, autodestruction.

Trois réponses opposées pour survivre à leur manière, mais les mêmes conséquences :

Souffrance.

Trois enfances volées,

Trois enfants brisées.

En conséquence, de la même manière qu'elle s'est adressée à sa grande sœur, Valérie écrit à sa petite sœur.

Voici les mots de Valérie enfant pour sa petite sœur :

Tu es nulle

Quand tu pleures,

Tu simules.

Toi ils ne te frappent pas,

Donc

Tu ne souffres pas

Tu fais le bébé,

Alors tu es protégée

Mais je suis ta grande sœur,

Tu dois m'écouter, sans négocier.

Ainsi, lorsque tu me dis « t'es pas ma mère »

En moi se déclenche le tonnerre.

Donc je t'attrape

Et de toutes mes forces,

Je frappe.

Chaque fois que je suis frustrée,

Qu'avec moi tu refuses de jouer

Que je me sens rejetée,

C'est sur toi que je viens m'acharner

Mais chaque fois que tu pleures

Je ressens cette douleur.

J'ai mal au cœur.

J'ai honte de te faire si peur

J'ai peur d'être cette horreur

Qui te sert de sœur.

Puis,

Lorsque mes émotions sont trop fortes

Il faut qu'elles sortent

Donc tu supportes

Toutes ces fois où je m'emporte.

Je suis un ouragan qui détruit tout.

Après chaque coup sur ton petit corps,

Je me souhaite la mort.

Mais je ne sais pas m'arrêter,

Comme si la colère me contrôlait.

Alors je m'enferme dans ma culpabilité

Et je fais comme si de rien n'était.

Puis,

Plus je te fais mal

Moins tu m'aimes

Et c'est normal.

Valérie de 17 ans s'adresse à sa petite sœur :

Je te pensais invincible

Tu te croyais invisible.

Tous ces jours,

À croire que tu allais bien

Que tu souffrais moins,

Puisque tu ne disais rien

Pour découvrir ce jour-là,

La violence de ton silence

Conséquence de toutes nos négligences.

Ce jour-là,

Pour la première fois,

J'entendis tes cris

Je vis tous tes maux

Sans que tu ne prononces un mot.

Ce jour-là,

Involontairement,

Je découvrais tes poignets

Et tous ces traits

Tous ces cris

Tous écrits

Sur tes bras.

Tes petits bras tout marqués

De tes souffrances

De notre indifférence.

De toutes ces fois où tu te blessais

Pour ne pas déranger,

Et à chaque larme

Un coup de lame pour éponger la suivante.

Et par la douleur, te sentir vivante ?

Et pour chaque trait,

Une dose de légèreté,

Avant d'être écrasée,

Par le poids de la culpabilité.

Tous ces mois,

À croire que tu ne ressentais rien

Pendant que tu gardais tout.

Toutes ces années,

Égoïste que j'étais,

J'ai naïvement pensé,

Que tu étais épargnée.

Alors ce jour-là,

Lorsque je découvrais tes bras,

Entre honte et désarroi

Je me mis hors de moi.

Et toi,

À nu de tes souffrances,

Sans défense

Face au jugement que tu t'infligeais,

Et au mien que tu redoutais

Sur ton petit visage,

Des larmes de honte,

À flot s'écoulaient.

Aujourd'hui j'ai honte,

J'ai honte de t'avoir fait souffrir

Pendant que tu t'efforçais de sourire

J'ai honte, d'avoir pensé que ta peine était moins grande

J'ai honte de t'avoir tant brisée.

Aujourd'hui,

Sans introduire ton espace

J'accepte de te donner une place

Pour que plus jamais

Tu ne t'effaces.

Je n'endosse plus un rôle de supérieure

Je savoure ma place de grande sœur.

J'apprends à t'aimer

Sans rivalité.

Et tu es tout autant légitime

De te sentir victime

Je te trouve même sublime

Lorsque tu t'exprimes.

À ma petite sœur,

Je suis désolée.

Je t'aime.

Valérie.

Chapitre 8 : Crève-cœur

Durant ses quatorze années de calvaire, Valérie avait développé une timidité et une méfiance sans faille.

Comportement relativement handicapant pour développer des relations sociales.

C'est donc après avoir compris qu'elle ne craignait plus rien dans un nouveau cadre serein et sain, qu'elle commença à s'autoriser de vivre.

Elle s'ouvrit petit à petit au monde et apprit à s'intégrer sous les encouragements bienveillants de son papa.

C'est lors de sa première rentrée au lycée que Valérie pu découvrir l'amitié.

Elle s'y était préparée, elle l'attendait, elle l'espérait.

En revanche, elle s'apprêtait à vivre ce à quoi elle ne s'attendait pas.

Elle tomba amoureuse pour la première fois.

Elle fut surprise par ce sentiment nouveau et incontrôlable.

Elle découvrit la puissance de ses sentiments et la souffrance de la désillusion face à la non-réciprocité de celle qu'elle aimait.

Voici les mots de Valérie sur sa première expérience amoureuse :

Habituée à contrôler mes pensées,

Pour rester concentrée,

Affronter les dangers,

Je me suis habituée

À sentir mon cœur dans ma poitrine s'emballer,

À hyper ventiler,

Me sentir fatiguée.

Et à chacun de ces symptômes

Une explication logique,

« Une réaction post-traumatique ».

Puis,

Ce jour là

Mon cœur s'est emballé

Lorsque tu es passée.

Rien de moins logique

Mais rien de plus fort.

Mes yeux,

Ne voyaient plus que toi.

Désormais,

Mon cerveau

Guidé par mon cœur,

T'adressait chacune de mes pensées.

Alors,

Formée à tout contrôler,

J'ai cherché à reprendre la main,

Oublier,

Avancer

Mais mon cœur n'était pas d'accord.

Rien n'était plus beau,

Que de m'imaginer à tes côtés.

Puis,

Plus le temps passait,

Plus de toi j'en attendais,

Sans que tu n'aies rien demandé.

La relation de nous deux

Que mes sentiments m'ont fait envisager,

Devenait trop belle,

Pour être réelle.

Alors,

Face à cette dure réalité,

Je pensais qu'un peu de volonté suffirait,

Pour ne plus t'aimer,

Je me trompais.

(Deux ans plus tard)

Puis,

Lassée de souffrir en attendant de toi

Ce que tu ne me devais pas,

J'ai arrêté les dégâts

J'ai sauté le pas,

Et j'ai eu mal.

Contrairement à une relation réelle,

Qui lorsqu'elle prend fin

N'est plus nourrie par rien,

J'ai dû faire le deuil d'une relation qui n'existerait pas,

Censurer mes propres pensées qui l'alimentaient

Et quelle difficulté,

De prier pour ne plus t'aimer

Espérer ne plus espérer,

Et avancer.

Chapitre 9 : « Je suis… »

L'adolescence, prolongement de l'enfance, phase de test et d'expérience, ouverture de la conscience et fin de l'insouciance.

Besoin à tout prix de liberté à la recherche de son identité,

Certains la subisse plus que d'autres.

En ce qui concerne Valérie, celle-ci comprit bien assez tôt qu'elle serait de ceux qui subiraient plus que certains.

Loin des coups, elle put enfin commencer sa quête d'identité.

Identité remise en question lorsqu'on lui parlait de garçons…

Voici les mots de Valérie enfant sur la question :

Je n'ose pas en parler,

J'ai peur d'être rejetée,

J'ai déjà trop de peines

Pour me sentir jugée

Que faire ?

Me taire ?

Plus tard ça passera

Ça ira.

On est plus tard,

On est plus tard et ça ne passe pas.

Ça ne va pas.

Ça ne me va pas d'être différente.

Je suis suffisamment repoussante,

Inutile d'aggraver la tourmente.

Maman dit que « je ne fais pas assez fille »

Alors je change la façon dont je m'habille

Ses yeux pétillent.

J'ai réussi.

À l'école un garçon s'est moqué de moi,

Il m'a demandé pourquoi mes chaussures étaient roses,

Puisque je ressemblais à un garçon.

Je suis partie pleurer,

Me remettant entièrement en cause

Avec mes chaussures roses

Ma « meilleure amie » m'a empêchée d'entrer dans les toilettes des filles.

Ça m'a donné la rage,

Je l'ai mordue.

Est-ce si mal ?

De préférer jouer à la balle ?

Est-ce si grave d'être moi ?

Je ne sais pas.

Autant éviter le débat.

N'en parlons pas.

De cette manière,

C'est maman que je rends fière.

Voici les mots de Valérie adolescente face à cette même question :

« Quand tu seras grande tu seras lesbienne et tu joueras le mec »

Me disait ma mère.

Je suis grande,

Je ne suis pas lesbienne

Je suis Valérie.

Je suis une fille

Et je ne joue pas.

Je n'aime pas « les filles »

J'ai aimé une fille.

J'ai aimé un être humain

Pas un sexe

Et ce n'est plus un complexe.

Je suis fière

Fière d'avoir la capacité d'aimer

Après avoir tant douté.

Pas besoin d'appartenir à une communauté

Pour me sentir considérée,

Acceptée.

J'emmerde les gens,

Leurs jugements

Je n'ai pas leur temps.

Mais je suis révoltée

De devoir vous l'« Annoncer »

Vous l'avouer,

Vous révéler mon intimité

Au risque d'heurter votre sensibilité.

Risquer de changer la façon dont vous me voyez,

D'être jugée,

Par le simple fait d'aimer.

Vous voir obligées de préciser « en amitié »

Comme si désormais me complimenter était un dilemme.

Mais j'en ai plus qu'assez de m'adapter.

Si vous ne pouvez me tolérer,

Partez.

Mes préférences ne vous regardent pas.

À vos yeux lesbienne ?

Dans mon cœur : humaine.

Chapitre 10 : Pardonner

Eh bien il me semble que tout a été dit,

Qu'en penserait Valérie ?

Valérie ?

Elle s'est adressée à ceux qui l'ont blessée, mais aussi à ceux qu'elle a blessé.

Cependant, Valérie eut tendance à l'oublier, mais elle aussi l'a été.

Alors après toutes ces années de culpabilité, il serait peut-être temps de se pardonner ?

Ainsi, elle mérite ce qui suit.

Dans la continuité de ses récits, voici ce qu'elle s'est écrit :

À Valérie petite fille :

Ils sont vilains

Mais tu n'y es pour rien.

Maman est méchante,

Tu n'en es pas consciente

Mais sois patiente,

Tu sortiras gagnante.

La rage te donnera le courage.

Et je sais,

Je sais que tu as mal

Et ce n'est pas normal.

Je sais que tu as peur,

Mais mon petit cœur,

Tu trouveras le bonheur.

C'est promis.

Crie,

Déploie toute ton énergie,

Bats-toi,

Tu y arriveras

Je crois en toi.

À Valérie adolescente :

Tu es en colère

Contre la terre entière,

Mais par pitié

Lâche ce bout de verre.

Tu as assez souffert

Cesse d'abîmer tes poignets,

Tu as le droit de pleurer.

Ce n'est pas de ta faute,

M'entends-tu ?

Tu n'es pas responsable

De ce que te font ces minables.

Je sais que tu es fatiguée,

Mais ne les laisse pas gagner

S'il te plaît.

À la Valérie d'aujourd'hui :

Je ne suis pas coupable

Mais je suis désolée,

Pour ce que tu as enduré.

Mais tu as gagné !

Quelle championne

Tu rayonnes,

Je t'affectionne

Et je te pardonne.

« Valérie »

Du latin « Valere », verbe signifiant force et valeur,
Mes écrits sont un hommage.

À la petite fille qui avait souvent peur,
À l'adolescente qui doutait de sa valeur
Et à la jeune femme la plus forte que je connaisse.

Chers lecteurs,
Cette histoire m'appartient, ces maux sont les miens.
Je suis, Valérie.

Chloé Deminiere

<u>Épilogue :</u>

Vous l'aurez compris, cette histoire est la mienne.

Mes parents n'étaient pas ceux d'un enfant capricieux à qui
l'on n'ose rien refuser,

Mais je fus l'enfant

Qui n'a pas su dire non.

« Enfant » : du latin « infans », signifie « celui qui ne parle
pas ».

En refusant souvent d'être cet enfant,

Ils m'ont traitée comme une adulte

Alors qu'à cet âge,

J'aurais dû avoir un corps innocent.

Et j'ai commencé à vivre il y a quatre ans.

En changeant de normalité j'ai réalisé ce qui m'était arrivé.

J'ai voulu tout affronter,

Trop vite.

Puis,

J'ai atteint mes limites.

Au début frustrée et révoltée, je me suis dévalorisée pensant
que c'était une question de volonté.

Tout est devenu hyper,

Hyper ventilation

Hyper vigilance

Hyper empathie

Hyper sensibilité

Et parfois même,

Hyper chiant.

Aujourd'hui,

Chaque fois que j'aperçois un homme sans enfiler ma
carapace,

En moi,

Monte cette angoisse.

Et je m'endors souvent en pensant à ma maman.

Elle ne me manque pas,

Mais avoir une maman

Me manque,

Parfois.

Aujourd'hui,

Ma vie n'est plus un cauchemar

Mais mes nuits en sont remplies.

Ainsi,

Si je ne peux plus rêver la nuit,

Je vivrai mes rêves la journée.

Donc chaque matin,

Je me réveille

En essayant de me sentir moins coupable

Et plus capable.

Habituée à l'inconfort,

L'habitude était confortable.

J'étais mal heureuse

Et j'étais malheureuse.

En ne me sentant plus légitime, j'étais condamnée à être victime.

Et je me suis longuement sentie coupable de l'avoir été.

« Victime »

Terme que j'ai difficilement assimilé.

Me décrire comme telle signifiait avoir subi.

Cela impliquait d'accepter que j'avais eu mal,

Que ce n'était plus normal.

« Normal » terme contestable en fonction du contexte dans
lequel on est finalement.

Jusqu'à ce que l'on me prouve le contraire, il était normal
d'être rabaissée, de m'endormir bercée par les cris, les pleurs,
les menaces, les portes qui claquent… qui ne sont aujourd'hui
que des flashbacks.

Il était normal d'avoir mal,

De faire mal

Et de me faire mal.

Après les « vas te pendre » complètement normalisés et à
longueur de journée,

Violente négligence et violence négligée,

J'ai mis du temps à parler.

Enfant victime, j'ai été agresseur de mes interlocuteurs

Et, autrice de mes propres cicatrices

J'ai contribué au supplice.

Aujourd'hui, je crie justice.

Justice ?

Comment rendre juste quelque chose qui ne l'est pas ?

Se tourner vers des magistrats en attendant d'être reconnue ?

C'est précisément l'erreur que j'ai faite.

Attendre des lois une reconnaissance pour mes souffrances.

Attendre.

Arrêter de vivre jusqu'à obtenir justice.

Mais le mal est fait.

Aucune sanction, aucun jugement, aucune somme d'argent ne
vaut ma peine,

J'ai pris perpétuité.

Et je n'oublierai plus jamais.

Mais je refuse d'attendre plus longtemps pour de nouveau
respirer,

On m'a déjà trop pris.

Aujourd'hui,

Pour moi, vivre est une chance

Et exister,

Un privilège.

J'ai été entendue,

Parfois même écoutée et crue,

Que demander de plus ?

Non, je ne méritais pas tout cela

Mais c'est comme ça.

Et en pensant cela je n'abandonne pas,

J'ai déjà gagné.

Je n'ai rien approuvé,

Mais je n'ai rien à prouver.

Est-ce qu'aujourd'hui ne plus vouloir être victime les
rendraient moins coupables ?

J'ai encore beaucoup à apprendre, mais j'ai aussi appris.

Et je doute constamment

Mais j'apprends,

J'apprends à déconstruire ce qui m'a fait souffrir

Ce qui m'a fait grandir

Pour enfin me reconstruire

J'apprends à dire pardon pour les bonnes raisons.

Et parce qu'un jour j'ai perdu espoir,

Je ne cesserai d'y croire.

En quatre ans, j'ai dû faire le deuil de mon enfance et survivre
à mon adolescence.

Je dois aujourd'hui me préparer à prendre mon indépendance.

Si peu de répit pour de nouveau affronter la vie ?

« peu de répit », oui

Mais la vie

N'est plus mon ennemie

J'ai été malheureuse,

Mais j'en deviens chanceuse

Car on ne peut pas reconnaître le bonheur

Si on n'a pas été malheureux.

Et mes cicatrices me rappellent tous les jours que j'ai survécu.

J'étais innocente
Et je suis innocente.

Alors,
Après toute cette violence
Prudence, mais j'avance
Et pas de vengeance,
En un mot,
Résilience.

Merci, la vie.

Fin ?

<u>Merci</u>

J'ai remercié la vie,

J'aimerais maintenant remercier ceux qui en font partie.

Alors

Merci,

À ceux qui font de mes journées des instants continus de
légèreté.

À ceux qui par leur amour, leur humour, leur bienveillance et
leur confiance m'ont permis de vivre après avoir survécu.

À ceux qui m'écoutent lorsque je doute et qui m'aiguillent
lorsque je fais fausse route.

À mes amies, qui ont cru en moi.

À mon papa d'être devenu mon papa.

À mes deux courageuses sœurs qui m'ont pardonnée.

À ma tante, qui m'a encouragée !

À mes thérapeutes, leur écoute, leur patience et leur
bienveillance.

À mon ancienne professeure de français de lycée, pour moi,
symbole même de l'humanité.

À ma famille.

Mais également à tous ceux qui de moi ont douté.

En remettant en cause ma capacité à persévérer,

Réussir devient un plaisir.

Et pour terminer,

À tous ceux qui par un sourire, un compliment, un geste de
reconnaissance, rendent crédible mon existence.

Vous rendez ma vie plus jolie.

Merci.

Bonus

Voici un texte que j'ai rédigé dans le cadre d'un projet scolaire sur l'inceste.

L'enfance,

La première instance,

Période de construction et d'insouciance.

Certains la vivent,

D'autres,

La subissent.

Parmi ceux à qui l'on inflige ces sévices,

Certains survivent,

D'autres se meurent

Et le reste,

Devient agresseur.

Le foyer,

Lieu de chaleur et de convivialité,

N'est plus que symbole

D'insécurité.

L'enfant,

Désormais réduit à un objet,

Est abusé.

Aujourd'hui,

En France,

Cette torture,

C'est un enfant toutes les trois minutes,

Soit trois élèves par classe

Et un français sur dix,

Qui la subisse.

Aujourd'hui,

Moi

J'élève ma voix,

À toutes ces enfances gâchées.

Aujourd'hui,

Ces comportements abusifs

D'un parent à son enfant

Sont bien trop fréquents.

Aujourd'hui,

Judiciairement parlant,

On utilise les termes de victime et d'agresseur mais on oublie
trop souvent

Cette notion

De consentement.

Et aujourd'hui,

L'inceste,

Ce fardeau pour les victimes,

Cette banalité pour les agresseurs

Est un fléau pour la société.

Alors par pitié,

Éduquez des protecteurs,

Pas des violeurs !

Et au passage,

Rappelons que céder n'est pas consentir,

C'est se laisser faire,

À force de subir.

Pour ce livre :

Pour ce livre, je me suis intégralement impliquée
Dévoilée.

De la couverture à la structure,
J'ai mis de côté mon armure
Pour découvrir
Ma signature.

Pour aligner ces mots, j'ai réfléchi.
J'ai écrit,
J'ai effacé,
J'ai réécrit.
J'ai parfois pleuré,
Mais j'ai aussi souri.

En vous écrivant mes maux,
En demandant pardon,

J'ai ouvert la porte de ma prison

Je suis prête à explorer l'horizon !

Alors non, je n'ai pas la prétention d'affirmer que je suis fière
de moi, mais j'ai la conviction que je dois croire en moi.

Commentaires :

« Je suis fière de toi »

Camille, ma grande sœur

« Que dire… que dire quand en trois rimes tu m'as ôté les mots de la bouche ? Que dire pour exprimer toute la fierté et l'admiration que j'ai pour toi sans employer de vaines paroles ou encore des phrases bateau ? Tu ne m'as pas simplement ôté les mots de la bouche, tu me les as arrachés. Moi qui ai toujours eu du mal à mettre des mots sur mes maux, eh bien tu l'as fait pour moi. En maniant les mots comme personne, tu as réussi à retranscrire non seulement une histoire, notre histoire, mais surtout des émotions. Des émotions tellement fortes, tellement vives, tellement brutales que je ne parvenais pas à nommer. Mais tu l'as fait pour moi.

Qui de mieux que moi pour attester de l'exactitude de ces lignes ? Ces lignes d'une vérité tellement déroutante, mais tellement juste qu'elles te laissent sans mots après leur lecture.

Alors dire simplement que je suis fière de toi ou bien que je suis juste fascinée par ton travail, c'est bien, mais ce n'est pas assez. Ici, tu ne t'es pas seulement contentée de parler avec des mots, tu as parlé avec ton âme.

Je ne dirai pas que c'est un point final à notre histoire, car elle est loin d'être achevée, mais plutôt le commencement d'une nouvelle, le cœur plus léger, car tout a été dit et rien n'est à redire.

Alors je ne peux pas simplement être fière de toi, car il y a dans ce que tu as accompli une beauté silencieuse, une force déconcertante, et un courage sans borne.

De tes blessures naissent des mots, et de tes mots, une force.

Je t'aime. »

Manon, ma petite sœur

« Pour ce livre, un grand bravo, parce qu'il est très beau, très triste, parce que je ne me suis jamais rendue compte que c'était autant.

Je t'aime de tout mon cœur.

Tu es une championne sur qui il faut prendre exemple. »

Amy

« Ton livre mérite d'être lu et qu'on s'en souvienne. Il est comme un témoignage ancré dans le marbre pour attester des horreurs de ce monde. »

Clarisse

« Je suis fière de toi ma Chloé. Tes mots vont résonner encore longtemps. Ils ont laissé en moi une empreinte indélébile. Ton message est fort et touchera beaucoup d'âmes. En tous cas, il n'a pas fait qu'effleurer la mienne.

Merci, du fond du cœur. »

Juliette

« Je suis fière de la femme que tu es aujourd'hui, fière de la femme que tu seras et de celle que tu as été, parce qu'elle a donné ce que tu es.

Je t'aime ma belle »

Marion

« Je suis tellement fière du chemin que tu as parcouru. Nous nous sommes connues après la tempête et je n'imaginais pas à quel point ton passé était tordu… Mais tout ça n'était en vain ! Regarde ce que tu as accompli aujourd'hui !

Tellement fière de toi. »

Savanna